El lado oscuro del poder

del poder

Raúl Prada Alcoreza

Índice:

Introducción   5

Más allá de las mafias   11

Retórica y poder   29

Paradojas políticas   46

Enlaces perversos de poder   61

Psicología y funcionamiento

del lado oscuro del poder   75

Composiciones del lado oscuro del poder   94

Introducción

¿De qué hablamos cuando nos referimos, en *palabras*, en *conceptos*, situados en *discursos,* en *narraciones*, en *teorías*? No deja de haber *problemas* cuando interviene el *lenguaje* y dice algo sobre los *referentes*, que son aludidos, a los cuales se acude para lograr su *desciframiento,* para obtener su *sentido*. *Poder* es una *palabra*, también un *concepto*, que, ciertamente, su significación va a depender de la *estructura teórica*, así como de la *estructura narrativa*. Empero, a lo largo de la *modernidad*, se ha mencionado al *poder* como un *fenómeno* distinguible a partir de las *fuerzas concurrentes*, que adquieren *formas* y *configuraciones* en ese *campo* que se va a definir como *política*, aunque también, un poco antes, y un poco después, de manera más sofisticada, como *guerra*. El *concepto* de *poder* va a ser asociado, después, con el *significado* y *concepto* de *dominación*, sobre todo en las *teorías y discursos críticos*. Aunque también, en la *formación discursiva jurídica-política,* el *poder* se asociara al *concepto* y *símbolo* de *soberanía.* No buscamos hacer una exposición exhaustiva, menos *arqueológica*, del *poder*; solamente mencionar algunos itinerarios de sus *transformaciones semánticas y conceptuales*. Esto para hacer hincapié en lo que acabamos de decir, que hay problemas con el empleo del *lenguaje*, por lo tanto de las *teorías* y los *conceptos*.

Desde la *perspectiva de la complejidad*, no podemos repetir el itinerario *universalizante* de los *conceptos* y de las *teorías*; requerimos visualizar, percibir, *comprender*, las *composiciones singul*ares de la *complejidad*, sinónimo de *realidad*. Parece, entonces, que requerimos elaborar *conceptos* también *complejos* y *singulares*, que expresen o evoquen esas *complejas singularidades* de los *referentes*. Esta tarea, como se puede comprender, no es fácil. No estamos en condiciones de sugerir estos conceptos complejos; esa tarea es de muchos, trabajos colectivos, de investigación y, si se quiere, multidisciplinarios. Lo que podemos sugerir es *configuraciones conceptuales transitorias*, que, por lo menos, tracen senderos, hacia los nuevos horizontes.

En este sentido, *El lado oscuro del poder*, se propone, al reunir un grupo de ensayos, iniciar estos trazados en los nuevos terrenos del *pensamiento complejo*. *Más allá de las mafias* ausculta en las formas de poder de *la economía política del chantaje*. *Retórica y poder* persigue el análisis de la relación entre retórica política y los juegos de poder, en distintos ámbitos, no solamente institucionales, sino, sobre todos, en los paralelos, entrelazados e imbricados con las mallas institucionales. *Paradojas políticas* incursiona en los contrastes que ocasionan los entrelazamientos entre el lado luminoso del poder y el lado oscuro del poder. *Enlaces perversos de poder* se sitúa en los nudos, enlaces, complementariedades entre las formas de poder institucionalizadas estatalmente y las formas de poder efectivas no institucionalizadas, clandestinas, opacas, ocultas, de los *diagramas de poder paralelos*. *Psicología y funcionamiento del lado oscuro del poder* es un ensayo que hace apuntes sobre el lado oscuro del poder y su incidencia en el lado luminoso del poder.

Publicamos este conjunto de ensayos buscando el debate y la participación de los y las activistas libertarias. El *desmantelamiento* del poder requiere de nosotros no solo *crítica* y *activismo ácrata*, sino *critica integral y activismo integrado* de luchas en todos *los planos y espesores de intensidad* del llamado *poder,* que para nosotros ya adquiere, mas bien, una *concepción singular compleja*, definida como *composición abigarrada*.

Más allá de las mafias

Hay que comprender la *complejidad* de las *conformaciones de poder,* que se formaron en la *modernidad,* posiblemente, como *herencia* de reminiscencias medievales y antiguas. Sobre todo de aquellas *conformaciones paralelas* a las *institucionalizadas* como Estado. Pues, parece que estas *conformaciones* nacieron como *defensas* locales frente a los abusos de los poderes establecidos institucionalmente y legalmente, buscando romper sus *monopolios* y sus *dominios.* Podríamos llamarlas, en ese inicio, ya perdido, como "contra-poderes"; empero, esto sería exagerado, pues tampoco tenían la *consciencia* de *contra-poder*; mas bien, erigían un *poder*, más local, más popular, opuesto y concurrente con el *poder estatal*. Por eso, no puede ser sorpresa, que más tarde, terminaron aliados al *poder institucionalizado* del Estado.

Lo que interesa de estos decursos, que llamaremos *rebeliones populares heterodoxas e incompletas*, es que nos muestran la otra *genealogía del poder*, la *genealogía del poder* de las *relaciones de dominación no institucionalizadas legalmente* ni *estatalmente*; empero, eficaces, en sus desenvolvimientos. Si a la larga, ambos decursos *genealógicos del poder* se coaligaron, el *institucional estatal* y el *paralelo y complementario*, opaco y clandestino, esto no quiere decir que tienen el mismo *origen*, por así decirlo; sino, mas bien, distinto, contradictorio y contrastante. A manera de simplificar la exposición, sin pretender un *paradigma*, podemos decir que el *origen* de la *genealogía del poder estatal* es *oligárquico*, en tanto que el *origen* del *poder paralelo*, de la *economía política del chantaje*, es, mas bien, popular.

La *mafia* tiene, en su *genealogía*, un *nacimiento* popular y local. No hay que explicar mucho para afirmar que se enfrenta, de entrada, al *poder monárquico.* Entonces, la pregunta es: ¿Cómo ocurre que, a la larga, terminan siendo aliados el Estado y la *mafia*? No queremos contradecir las hipótesis tejidas por investigaciones y análisis de la *mafia*, así como las *historias* sobre la *Cosa nostra*, que, mas bien, manifiestan desacuerdos exegéticos; empero, podemos *interpretar hipotéticamente,* que lo que los acerca, a la larga, a pesar de sus *orígenes* diferenciados y contrastados, es que ambas *genealogías del poder* juegan a las *dominaciones*. Por lo tanto, la *hipótesis interpretativa*, que mantenemos, es: El *juego* de las *dominaciones*, ya sea desde la vía estatal, ya sea desde la vía paralela e ilegal, los acerca, hasta convertirlos en *complementarios*. Entonces pasa un poco lo siguiente: El Estado, las *estructuras de dominación estatales* se hacen tan flexibles, a tal punto que el Estado tiende a volverse *mafioso,* en tanto que la *mafia* tiende a convertirse en estatal, aunque sea parcialmente.

No hay un solo Estado, sin incluir a las *excepciones a la regla*, que confirman la regla, por contraste singular, excepciones contadas con los dedos de la mano, que escape a esta *mezcla* entre ambas *genealogías del poder*. No aceptar este sugerente decurso de las *estrategias de dominación,* equivale a enceguecerse y cerrarse a *comprender* la *complejidad* de las *genealogías del poder,* de las *cartografías de dominaciones,* conformadas en las *sociedades,* ya sean estatalizadas o no. Por lo tanto, equivale, también, en consecuencia, a apostar a *políticas* de "luchas contra la corrupción", contra las *mafias,* contra las *economías paralelas*, destinadas al fracaso.

Lo importante es aprender de los *funcionamientos* de estas *maquinarias fabulosas* de *poder*, la legal y la ilegal; ver cómo ambas funcionan, para lograr diseñar *estrategias* de sus recíprocos *desmantelamientos*. De lo contrario, con la *inocencia moral,* con la *ingenuidad normativa*, y el *fetichismo institucional legal*, se termina en *políticas* y acciones, no solo destinadas al fracaso, sino que terminan fortaleciendo y expandiendo lo que supuestamente combaten.

Por otra parte, lo que, en un principio, en el *nacimiento* de estas *genealogías,* sobre todo de la *genealogía del poder paralela,* era *popular*, de *honor,* de *arrogancia* y de *bravura,* formando parte de las leyendas populares y locales, en la medida, que las estructuras de poder fueron coaligándose con el Estado, atravesándolo, comprometiéndose, adaptándose, con sus *prácticas institucionales,* se extravió dodo esto, que ya es *historia* olvidada; quedó en el recuerdo. Se volvió una *mafia* sin *honor,* incluso sin *valentía,* aunque mantuvo la *arrogancia* y la *bravura,* solo que confundida con la *violencia despiadada*, ya parecida al *terrorismo de Estado*. Los *mafiosos* de hoy día harían avergonzar a los *mafiosos* de esos primeros tiempos, por su descaro y *cinismo*, por su *falta de valores*, a pesar, que parezca contradictorio lo que decimos. Aunque usted no lo crea, la *decadencia* no solo asoló al Estado, sino también a estas corporaciones *mafiosas* del *poder paralelo*. No se trata de hacer *apología nostálgica* de lo que fueron las *mafias,* en su lugar de *nacimiento* y en sus primeros *tiempos frecuentados*, sino se trata de *comprender* no solo el *funcionamiento* de estas *maquinarias* de poder, basadas en *lealtades*, en *juramentos,* en *compromisos* y *complicidades*, en *honores* y en *redes familiares*, sino también su deterioro, a lo largo del *tiempo.*

Las *mafias* hoy pueden aparecer como más poderosas, sobre todo por sus influencias en las *instituciones* del Estado; sin embargo, han perdido su "mística", si se pudiera hablar así, para ejemplificar e ilustrar. A quienes están acostumbrados a la *moral* vigente y a los *valores oficiales*, *institucionalizados estatalmente*, en las *escuelas* y en los *sentidos comunes normalizados*, puede parecerles un exceso desorbitado esta apreciación; sin embargo, se olvidan que en las *sociedades* se dan *otras morales*, otros *sistemas de valores*, otras *lealtades*, que cohesionaron, en su tiempo, a las *sociedades locales*. El problema es que la *suspensión de valores* no solo concurrió en la *sociedad institucionalizada*, sino también en estas "sociedades" secretas. El *cinismo*, el desparpajo, el descaro, incluso, lo que los antiguos *mafiosos*, considerarían *cobardía,* abundan, en estos entrelazamientos entre *mafias* y Estado.

Entonces, podríamos decir, *interpretando hipotéticamente*, que asistimos al derrumbe de ambas *genealogías del poder*. La *genealogía del poder paralelo* corre el mismo destino que la *genealogía del poder estatal*; que se desmorona, precisamente por su excesivo *monopolio de violencia legítima*, de *poder*, de especulación.

Lo que se observa, a través de lo que trasmiten los medios de comunicación, son los escándalos de los gobernantes y autoridades, ya sean conservadores, liberales, neoliberales, populistas, progresistas o "izquierdistas". Estos escándalos se convierten en los referentes para la *interpelación moral* al *poder*, tanto *político* como *financiero*. Pero, lo que no se trasmite o no ven los medios de comunicación es que los personajes gobernantes, congresistas, financieros, no son más que la punta visible del *iceberg*. Descargar la *fuerza* de la *justicia* y de las *leyes* en estos *crápulas personajes* no resuelve el *problema;* tan solo se castiga a estos individuos, que llegaron a la *decadencia singular* en sus propias personas. También es una *catarsis social;* empero, el *problema subsiste* y crece. Si no son *desmanteladas las maquinarias fabulosas del poder*, la paralela y la estatal, las *genealogías de dominaciones*, en su *perversa mezcla*, tendrán siempre espacio para prolongarse.

¿Cuál es la *estructura* de esta *conjunción* entre *poder estatal y poder paralelo*? La *estructura de poder* conformado, en lo que se señala como *entorno palaciego*, no es otra cosa que *dispositivo* en un aparato más grande y *complejo*. Los medios de comunicación, las *denuncias moralistas*, que de ninguna manera las descalificamos, sino las apreciamos, empero, considerándolas en sus *límites*, se concentran en los montos de los desfalcos, de los sobornos, de las malversaciones, de las apropiaciones privadas; esto es lo menos importante en la explicación del *funcionamiento* de estas *maquinarias de dominación*. Aunque tenga significación en la conmensuración de las magnitudes. Lo crucial es el *flujo constante* de un *sistema corrosivo, corrupto, especulativo*, que apuesta vorazmente a apropiarse de gran parte del *excedente*. Los medios de comunicación, la investigación judicial e institucional, se concentran en personas visibles, en indicios, en actos dolosos, en pruebas, para describir los delitos. El *sentido común moral* se concentra en el daño al *bien común*, a la cohesión social, en el *deterioro moral* de los que perpetraron los actos, para descargar su *indignación*; empero, si no fueran esas personas, serían otras; siempre habrá candidatos que ocupen los puestos. El problema se encuentra en el *funcionamiento* de *maquinarias de poder*, ateridas en *dominaciones anacrónicas;* empero, restauradas constantemente.

Un cuadro muy resumido y esquemático sería el siguiente:

Los *oligopolios* de *consorcios trasnacionales* disputan por el *control mundial* de las *reservas* de *recursos naturales*; se adaptan a las "ideologías" del momento y del país, del Estado, del gobierno con el que tratan. No les interesa, ni toman importancia a la "ideología"; la escuchan y la toleran; lo que les interesa es lograr el *control* de *reservas y yacimientos,* obtener las *materias primas* a los menores *costos posibles* y en el *tiempo* más largo que se pueda. Los *servicios de inteligencia* de las potencias, no solamente sirven a su Estado, sino también a estos grandes consorcios, fuera de responder a sus propios intereses, los relativos a disposiciones sofisticadas de *información*, tecnologías, intervención; a quienes les interesa mantener el *fantasma* de la guerra, para gozar de grandes presupuestos. No es de ninguna manera extraño, que los *agentes* sean *dobles agentes*; sirvan a su Estado o, en su caso, a la "lucha" que dicen servir, como la "lucha contra el narcotráfico"; pero, también a las *mafias*, que, precisamente producen, distribuyen y generan *consumos* de las mercancías prohibidas. Los gobiernos se encuentran atravesados por estas redes insistentes, recurrentes, desbordantes, tanto por las de las *mafias*, como por las de los *servicios de inteligencia*; además que se encuentran condicionados por la gravitación de las *estructuras de los consorcios oligopólicos*. Esto pasa tanto en los Estado-nación centrales, las potencias dominantes, como en los Estado-nación subalternos, los países periféricos.

Si se quiere caracterizar a gobiernos contradictorios y sinuosos, obviamente, no basta, la ingenua hipótesis de la "traición", tampoco la tesis mejorada de la *conspiración*, así como las *tesis deterministas económicas*. Así como la *hipótesis del mal*, del *mal* congénito, de la *corrupción inherente*. Todo esto solo es "ideología", que no da cuenta del *suceso* y del *acontecimiento* en cuestión. Es menester, para lograr la *comprensión* de estos *fenómenos* y sus *fenomenologías*, entender los *funcionamientos* de las *mecánicas,* de los engranajes de estas *maquinarias de poder*, ateridas en *dominaciones anacrónicas*; empero, persistentes.

Retórica y poder

Cuando el *chantaje* se convierte en *práctica política*, la *política* ya no solamente es el *campo de la incertidumbre*, sino que llega a convertirse en el *ámbito de lo inesperado*, de lo sorprendente; sobre todo, porque los hechos van más lejos de lo imaginable. La intrepidez de los políticos, concretamente de los gobernantes, llega impactar en la atareada *comprensión*, por sus formas alucinantes de concurrir. Las *acciones* de los gobernantes, más que las *actuaciones* mismas, que forman parte de la *retórica,* en su propia *diseminación*, rompen *esquemas* e *imágenes* recordadas. ¿Qué es lo que impulsa a los gobernantes, no solamente meterse en vericuetos, no solamente entramparse en laberintos insólitos, sino en atreverse a atravesar todos los ardides conocidos, todas las tácticas usadas, incluyendo las más audaces? ¿Es su *voluntad*? ¿Su propia audacia? ¿O, mas bien, es la propia *maquinaria del poder*, ya despavorida, la que los lanza en aventuras enloquecidas? Las anteriores preguntas a la última, insinúan una inclinación inherente, casi congénita, en el *sentido moral*, que, usualmente, se denomina como inclinación al *mal*. Este supuesto es rechazado por nosotros, por su *herencia religiosa y moralista,* del estilo inquisitorio. Preferimos quedarnos con la última pregunta, que parece más abierta, clara, incluso *objetiva*, por así decirlo.

Entonces las preguntas son las siguientes: ¿Cuál es el estado o situación, es decir condición, de las *estructuras de poder,* para que su funcionamiento desencadene turbulencias, que parecen desvencijar la misma *arquitectura del poder*? ¿Cuál es la *condición* de la *genealogía del poder* de esta fabulosa *maquinaria abstracta* y del conjunto abigarrado de sus *agenciamientos concretos de poder*? ¿Ha llegado no solo a la *decadencia* de su funcionamiento, sino también ha llegado al *punto de inflexión*, desde el cual, lo que queda es su propia *autodestrucción*? Trataremos de responder a estas preguntas; por lo menos incursionarlas.

Si aceptamos la *hipótesis implícita* en la última pregunta, debemos encontrar los *síntomas* de esta marcha irreversible a la *autodestrucción*. Un primer borde, de lo que puede ser el perfil de un *síntoma*, parece ser la magnitud descomunal de la *corrupción* a la que se ha llegado. Nada de los contratos vinculados a proyectos, aprobados y supuestamente en ejecución, funcionan; en otras palabras, desde el punto de vista de la *ingeniera* de los *proyectos,* por así decirlo, nada de estos dispositivos son reales. Aparecen, en contraste, como montajes, *blufs,* apariencias; que sostienen, como cáscaras, fabulosas inversiones que no se realizan, según los *términos de referencia*, sino que desaparecen, comidos por hambrientos *fantasmas*. Para convencer al candoroso *público,* se hace un esfuerzo adicional, por cierto exagerado, en la propaganda y la publicidad; también en la *retórica.* La credulidad, como nunca, ha llegado, también lejos; organizaciones, miembros de organizaciones sociales, conjuntos leales populares, creen, sin darse el trabajo de comprobar lo que ocurre. Esta lealtad ingenua y fantasiosa, es la base de la apuesta de los gobernantes, ya entrampados, en esta carrera desbocada a la *autodestrucción*. Es a lo que apuestan para seguirse sosteniendo, en un gobierno que se desvencija y se derrumba a pedazos.

Pero, para que se apueste a algo tan insostenible, por lo menos en el largo plazo, sino es, mas bien, en el mediano plazo, los que lo hacen tendrían una *estructura subjetiva* muy poco vinculada al *principio de realidad*, usando esta figura, por cierto discutible, del psicoanálisis. Esto no quiere decir que tienen una vinculación más próxima al *principio de placer*, sino que sustituyen el *principio del placer* por una *morbosidad fetichista*, que también los aleja del *placer* y los empuja a *angustias desoladoras*. Esta apreciación, que funciona como *hipótesis auxiliar*, no apunta, de ninguna manera, a la *tesis moralista* del *mal,* sino a un desborde *imaginario,* que altera *subjetividades,* hasta *auto-engañarse* con una grandeza deseada, que no es otra cosa, en la práctica, que *miseria calamitosa humana*[1].

Ahora bien, en la construcción de esta *hipótesis de interpretación*, habría que resolver ¿si los sujetos atrapados en las *redes del poder* son arrastrados a este *delirio auto-contemplativo* y

---

[1] Ver *Prácticas y cartografías de la impostura*. Dinámicas moleculares. La Paz 2016.
Dinamicas-moleculares.webnode.es/news/practicas y cartografias de la impostura.

autodestructivo o si son sus *constituciones subjetivas* las que se adecuan a la *decadencia del poder*? Como se puede ver, no es fácil optar. Es preferible, para evitar mayores riesgos a equivocarse, que se dan como *complementariedades* entre ambos factores, por así decirlo. El *poder,* sobre todo, en su *decadencia alucinante,* atrae a *sujetos alucinados* por el *poder,* quienes alimentan, con mayor empuje, la *autodestrucción del poder* mismo.

Dibujar y pintar este *cuadro catastrófico* es, relativamente fácil, en comparación a dibujar y pintar, también *interpretativamente,* los *entornos*, por así decirlos, del *poder,* los *públicos,* que hacen de *referente* de los *gobernantes.* ¿Qué ocurre con los *públicos,* que contemplan, donde hay sectores que aplauden a los gobernantes, pues les creen lo que dicen; qué ocurre, en general, con el *pueblo*, donde parte de él quizás no aplaude, otra parte quizás no crea en lo que dicen los gobernantes, y otra parte, quizás más pequeña, interpele a los gobernantes? Esta es la pregunta más importante para descifrar el *nudo gordiano* de la *reproducción,* de la *decadencia* y de la *autodestrucción del poder*.

La *hipótesis* que vamos a lanzar es quizás dura, empero, ayuda, por lo menos, a bosquejar, una *interpretación* más adecuada, a esta parte difícil del cuadro. Como dijimos en otros ensayos, la clave del *poder* no se encuentra en el *poder* mismo, que es más bien *imaginario*, sino en la *captura de las mallas institucionales* de parte de las *fuerzas* de la *potencia social*, *fuerzas capturadas* con las que se *reproduce el poder vampiro*. El *secreto* del *poder* se encuentra en la *sumisión,* en la *subordinación*, en la aceptación de la *dominación,* de la *representación,* de la *delegación*; yendo más lejos, en la *renuncia a luchar*. Hay pues una *complicidad* del *pueblo*, por lo menos, de una parte significativa, si no es la mayoría, en la *reproducción del poder*; es más, en la etapa diagnosticada, en esta *decadencia y autodestrucción*. No basta decir, como descargo, que fueron engañados, que creyeron, que apostaron lealmente a un *proceso de cambio*, aunque contradictorio, que había que apoyar. Nadie es engañado si, en el fondo, no quiere serlo. Nadie cree absolutamente, menos cuando hay *síntomas* preocupantes. El apoyo a un *proceso de cambio* no es a sus *tendencias autodestructivas y decadentes* sino a sus *tendencias críticas*, vitales, fuertes, que apuntan a *transformaciones efectivas*, institucionales y estructurales. El haber apostado a lo fácil, al menor esfuerzo, a creer, a pesar de todo, lo convierte en cómplice del desastre.

Éste es, si se quiere, el *quid* de la cuestión. Después de luchar denodadamente, de entregarse heroicamente a la movilización y a las luchas exigentes, a las batallas, después de haberse sacrificado, el dejar que unos fanfarrones se aprovechen de las victorias populares, es regalar el sacrificio, las victorias, las luchas, a unos tramposos. Esto dice, de la actitud pusilánime, pos-combates, que se prefiere concluir a mitad del camino, optando por una *comedia,* en vez de seguir con el esfuerzo multitudinario, con el *temple* de un *pueblo,* que desafío a la *historia* y a la *realidad.* Se sustituyó la *liberación* por una *simulación comediante*; se prefirió la *ilusión* que la mirada valiente y certera, se prefirió reposar que seguir luchando.

Sería caer en otro simplismo si esta parte de la *interpretación,* del dibujo y la pintura del *cuadro,* suponga que el *pueblo,* esa parte del *pueblo,* decide, como si fuera un *sujeto.* No hay tal cosa, el *pueblo* son *multitudes dinámicas*; si se quiere, se *compactan,* cuando sus *voluntades,* individuales, grupales, colectivas, se *conjuncionan,* formando un *acontecimiento social*, particularmente *rebelde* o, en el más intenso de los casos, específicamente *revolucionario*, por su destrucción de antiguas *instituciones y estructuras de poder.* Empero, lo que no hay que olvidar nunca, un *pueblo* no es un *sujeto*, como supone la *ciencia política* y la *filosofía política*, la "ideología", sobre todo *revolucionaria.* Un pueblo es *multitudes*, ya sea movilizada interpeladoramente, ya sea en movimientos *reproductores* del *sistema.* Incluso, en el momento más intenso de la *movilización social anti-sistémica*, se hallan *composiciones conservadoras*, que obstaculizan y retrasan la misma *rebelión.* Quizás en esta *complejidad paradójica* se encuentre el *referente,* por cierto, no adecuadamente percibido, del dilema de la "vanguardia" y las *bases.* No nos vamos a detener en este debate; ya lo hicimos en otro escrito[2]. Lo que interesa es *comprender* la *mecánica y dinámica* del *pueblo,* en su plural y diferencial comportamiento múltiple, en las distintas etapas de un *proceso político.*

Nuestra posición, al respecto, es, si es que se opta por la *vanguardia,* con la mejor intensión *revolucionaria,* y no se da lugar a la *pedagogía popular,* aprendiendo de su *experiencia,* aprendiendo a *autogobernarse,* se reproduce, *paradójicamente,* aunque se quiera, precisamente lo contrario, la *relación de dominación;* esta vez entre *maestros y aprendices,* entre *vanguardia y bases,* entre *intelectuales* y *pueblo.*

---

[2] Ver *Acontecimiento libertario.* Dinámicas moleculares; La Paz 2013-15.

Ciertamente, el problema de los gobernantes de un *proceso de cambio*, no es éste. Pues éste es el *problema* de las *vanguardias*, en el mejor sentido de la palabra. Los gobernantes, de un *proceso de cambio*, son *comediantes* de "vanguardia", que resultan, en la práctica, ser el *dispositivo* más *conservador*, que alimenta los *prejuicios* sumisos del pueblo. Por eso, es preocupante, la función de la *retórica* moderna; pues al simular, al montar una *comedia*, al chantajear a los *imaginarios esperanzados*, con cambios aparentes, que no se dan, salvo en la grotesca *representación* de los medios de comunicación y las *ceremonias de poder* estridentes, utiliza la pretensión insostenible de *vanguardia* para fortalecer el *chantaje del poder*.

Paradojas políticas

Cuando la realidad se reduce al tamaño de los prejuicios

Tribute to Chet Zar
by: Dean Deakyne

En las *sociedades modernas*, institucionalizadas, abundan y preponderan las "ideologías", que son *imaginarios,* expuestos en *discursos*, que dan *presencia* a los *fetichismos* de toda clase. Hablamos de la *cosificación generalizada*, como manifestación de este fenómeno reductivo; primero, del *mundo efectivo* al *mundo de las representaciones*; después, del *mundo de las representaciones* a los *esquematismos dualistas*, que no hacen otra cosa que reproducir *conservadurismos recalcitrantes*. Las gentes, las clases sociales, los grupos y estratos atrapados en estas *redes* "ideológicas", consideran que la *realidad* es eso, esa *imagen* constreñida a sus *prejuicios*. Están lejos de sospechar que la *realidad efectiva* es *complejidad dinámica*, abismalmente distinta a sus "ideologías".

Las más *conservadoras* de estas "ideologías" descalifican, de entrada, cualquier sugerencia distinta sobre la *realidad,* incluso de aquellas que, desde el *pragmatismo restringido*, puede desplazarse en términos de adaptación, a los *movimientos* de la *realidad,* a las *coyunturas* cambiantes. Los *sujetos* de este *discurso conservador*, en pleno sentido de la palabra, no solamente como *concepción conservadora del mundo*, sino como *actitud y práctica conservadora*, que, incluso, el propio *discurso conservador teórico* les puede resultar *utópico,* odian toda *hipótesis interpretativa* que les resulte extraña, alejada de sus *prejuicios*. Esta es la gente que apoya las salidas más *autoritarias* de las posiciones conservadoras, las dictaduras militares. Sin embargo, aquí la incoherencia, rechazan apasionadamente el *autoritarismo* de "izquierda". Es cuando consideran a éste como *dictadura*.

Estos *conservadores rudos* son pues distintos, en la gama de posiciones conservadoras, a los *demócratas liberales*, quienes, defienden la *institucionalidad* de la *democracia formal*, vale decir, del *Estado de derecho.* Si hacemos un boceto, un tanto esquemático, del mapa de posiciones conservadoras, podemos observar que los *demócratas liberales,* al defender la *institucionalidad* y la *ley*, también critican a las *dictaduras militares*, así como a los "totalitarismos" de "izquierda", que es como califican a los *gobiernos estatalistas*, de carácter populista, progresista, nacionalista, incluso a los gobiernos que emplean políticas keynesianas.

Los *conservadores de choque*, por así decirlo, que son los conservadores que reducen la *realidad* al tamaño de sus *prejuicios*; aclarando que se trata de *prejuicios* del *sentido común conservador*. Lo que no ocurre necesariamente con los otros *conservadores*; por ejemplo, los conservadores teóricos, que elaboran *interpretaciones* más sofisticadas de sus *prejuicios*, abriendo como el camino a la *utopía conservadora,* que no obvia la posibilidad del *bienestar*, por el camino del *buen patriarca* o de la *buena institución tradicional*. Otro ejemplo, los *liberales*, quienes, si bien, también parten de *prejuicios*, son otros, vinculados a la *institucionalidad*, a las *normas*, a las *leyes*; elaborando una *concepción jurídica* de la *realidad*. Si bien, en este caso, se puede decir, que no hay *utopía*, propiamente dicha, sino, mas bien, *punto medio,* de *equilibrio*, de todas maneras abren la posibilidad de resolver los problemas sociales y políticos, por la vía de las *compensaciones* y los *equilibrios*. Muy distintos de estos *conservadores,* los tradicionales y los liberales, los *conservadores rudos*, cuyos *prejuicios* son elementales, cierran toda posibilidad, muy lejos de alguna *utopía conservadora,* distantes de los *equilibrios*, las *compensaciones*, los *puntos medios*. Su *rudeza* opta por la *crudeza* de una *realidad* aterida a la inmovilidad de lo que hay o creen que hay, que no es más que el *mundo violento*, desigual, jerárquico, donde se tienen que aceptar los estrechos condicionamientos de la *mezquindad individual.*

Esbozando un poco más, este *mapa político,* de las *posiciones* y *concepciones conservadoras,* reducidas esquemáticamente a tres, para ilustrar, se puede decir que la *utopía conservadora* tiende a prometer *utopías religiosas*; que el *equilibrio liberal* tiende a proyectar una *equilibración social,* por medio de intervención institucional y de políticas compensatoria. En cambio, el *conservadurismo rudo,* tiende a cerrar opciones, *utopías conservadoras, proyecciones compensatorias,* y tiende a suscitar *concepciones y posiciones fascistas.*

No es pues un *mapa político* homogéneo el del *conservadurismo*; las *posiciones conservadoras* no son las mismas, tampoco, políticamente, tienen la misma proyección. Es un absurdo, por parte de la "izquierda" militante, autoproclamada de "revolucionaria", el considerar que se trata de una lucha taxativa con una "derecha", que al final de cuentas es la misma. Este punto de vista es también, no solamente esquemático y simple, sino *conservador*. Una "izquierda" que no es capaz de observar los detalles, las diferencias, sobre todo la pluralidad, es una "izquierda" *conservadora* porque tiene una *concepción monolítica* del *mundo*.

Del lado de la "izquierda" también encontramos, si se quiere, para compararlas, estas posiciones diferenciadas, que identificamos en la "derecha". Hay una "izquierda" *ruda*, que reduce la lucha social al estrecho margen de los *prejuicios* del sentido *común cotidiano*. Para expresar esta posición de una manera ilustrativa, diéremos que esta "izquierda" piensa que de lo que se trata es de darle la vuelta a la tortilla; es decir, que se ocupe el lugar de las élites, de los dominantes, de los patrones, de los amos. Como este espacio es estrecho, no caben todos, la élite que se forma, es la élite de los que *representan* a los *pobres*; élite que se hace rica, que deja a los *pobres* como son, *pobres*. Se podría decir que esta élite de "izquierda", estos nuevos ricos, consideran que su riqueza también *representa* la riqueza de los pobres, así como ellos *representan* al pueblo oprimido.

Como bien conocemos, hay una "izquierda" *utópica*, con todas sus variantes. Una "izquierda" que apuesta a los *principios*, al programa, al proyecto, al socialismo, como sociedad sin clases. Esta "izquierda" se caracteriza por expresar y dar movimiento a un *romanticismo*, que impregna sus *discursos* y sus *acciones*. Quizás podamos encontrar en esta "izquierda" consecuencia, que no la tiene la "izquierda" *pragmática*. Llamemos a la otra "izquierda", simétrica a la "derecha" *liberal*, manteniendo nuestra comparación, de "izquierda" reformista, en pleno sentido de la palabra. Esta "izquierda" tiende a usar la *institucionalidad* para *transformar,* tomando en serio la *institucionalidad*; no como lo hace la "izquierda" *ruda*, que usa las *instituciones* para desplegar una *economía política del chantaje*.

Esbozando este *mapa político* esquemático de las posiciones de la "izquierda", se puede decir que la "izquierda" *romántica* ha donado *actos heroicos*, sacrificios, derroches corporales a la causa *revolucionaria*. La "izquierda" reformista ha incursionado reformas, en periodos de ciclos medios, incluso largos, que han terminado de producir *desplazamientos* en las *instituciones* y en las *leyes*, por lo tanto, en el *Estado de derecho*, convirtiéndolo en un *Estado de bienestar*. En cambio, la "izquierda" ruda ha derivado, generalmente, a ocasionar desmesuradas violencias, corroer las instituciones, desvalorizar el proyecto socialista, derivar en élites despóticas.

Teniendo en cuenta estos *mapas políticos*, de "derechas" y de "izquierdas", llama la atención un fenómeno, que no solo parece analogía, en las formas, sino en las *consecuencias políticas*. La "derecha" *ruda* y la "izquierda" *ruda* comparten el apego y la inclinación a la violencia desmesurada, a la reducción de la realidad a los *prejuicios elementales*, y a desatar regímenes basados en la *economía política del chantaje*. No es pues casual, que en las *historias políticas* de la *modernidad,* los *fascismos* se hayan alimentado de una *mezcla barroca* de gente que viene de *conservadurismos rudos* y de *aparentes progresismos rudos;* no es casual que hombres del *conservadurismo duro* se hayan terminado de asimilar a los *regímenes* del *Estado policial* de los *socialismos reales.*

Esta interjección de aparentes *enemigos* tiene que ser analizada.

De ninguna manera se sugiere que las "derechas" e "izquierdas" son lo mismo, ni que se parecen en forma, contenido, expresión, sentido, direcciones, proyecciones; sino, que las *analogías* en las *formas* deben ser *interpretadas* y *analizadas* críticamente. Que el análisis debe ayudar a comprender el *círculo vicioso del poder*, en el que se halla entrampada la "izquierda".

Enlaces perversos de poder

Los que callan, los que
encubren, también cometen
delito, son cómplices

¿Cómo funciona la *economía política del chantaje*? Esa es la pregunta. No ¿quién es el, los, la, las, culpables? El juez no desmantela las *redes de la corrupción*; tan solo castiga, pena, condena, a los o las culpables. Con esto, paradójicamente, legitima, de una manera perversa, lo que considera *anomalía*, fuera de la *norma,* fuera de la *ley,* fuera de la *moral*. Pues, ese espacio, más allá o más acá del *control de la ley*, sigue, persiste, funciona, independientemente a cuántos se castigue y con qué intensidad y alcance. La *comprensión* de la *maquinaria del poder de la corrupción* permite, en contraste, conocer o aproximarse al conocimiento del *funcionamiento* de este *diagrama de poder paralelo*. Esta *comprensión* y *conocimiento* ayudan a conformar estrategias para el *desmantelamiento* de la *maquina complementaria del poder*; máquina opaca y clandestina, sin embargo, eficaz.

Entre los *funcionamientos*, no solo de la *máquina paralela de la economía política del chantaje,* sino también de su *entrelazamiento* con la *maquina abstracta y burocrática del poder*, se encuentra la complicidad y concomitancia entre las dos máquinas; la estatal y la mafiosa. Los funcionarios de gobierno, los funcionarios del Congreso, los funcionarios de órgano judicial, terminan encubriendo y lanzando cortinas de humo para esconder al *diagrama de poder complementario*. Los funcionarios estatales, de los poderes del Estado, creen que la *realidad* es una *plastilina maleable*, a gusto y antojo del interés gubernamental y, claro está, del aliado opaco, oculto, clandestino, de los *diagramas de poder de la corrupción*.

La pregunta indispensable, en este *nudo,* entre las dos máquinas de poder, es: ¿cómo se llega a esta convicción de que la *realidad* es *producto maleable del poder*? ¿El *pragmatismo* chabacano exacerbado y delirante? ¿La creencia de que el *fin* justifica los *medios*? Que supone creer que el *fin* perseguido es el *bien común* y, por lo tanto, todo vale, incluso emplear procedimientos sucios. O, de manera diferente, ¿una absoluta sumisión al jefe, al partido, al gobierno, que lo único que importa es satisfacer las necesidades de un *poder absoluto*? ¿Qué es lo que empuja a altos funcionarios a una actitud chocante, incongruente, no solo con la Constitución, las leyes, la institucionalidad, sino con la evidencia misma de los hechos? Preguntas difíciles de responder, sobre todo, si buscamos hacerlo desde la perspectiva de la pregunta de cómo funciona la *máquina de la economía política del chantaje.* Pues la perspectiva de la pregunta sobre los *culpables,* es más fácil de responder o de inventar una respuesta, pues su problemática es extremadamente estrecha. La pregunta subyacente es: ¿Quién es el *malo,* dónde está el *mal*?

Ciertamente, este *funcionamiento,* esta *presencia* de la *economía política del chantaje*, no solo se da en un país, por ejemplo Bolivia, sino en casi todos, sino son todos. Es como una *regla compartida*, una *regularidad corrosiva*, que atraviesa los estados. La diferencia es que se da con sus *singularidades* propias en cada país, en distintas épocas y periodos y coyunturas. En unos casos, con más intensidad, con más extensión; en otros casos, quizás de una manera más velada. En contraste, en otros, de una manera más abierta. En unos casos, de una manera más sutil, en otros de una manera más grotesca y torpe. Depende de muchas circunstancias; *historias particulares* de la *economía política del chantaje*, condiciones de *institucionalidad* consolidada o, en su defecto, condiciones de una *institucionalidad* maltrecha. Permeabilidad de las *instituciones* o relativa fortaleza de las mismas. Predisposiciones a aceptar estas prácticas por parte de la sociedad civil o, al contrario, rechazo de estas prácticas por parte de la sociedad. Legitimidad o no del gobierno, credibilidad o no popular.

Magnitudes de la riqueza que está en juego. Como se verá, la *singularidad* de la *economía política de la corrupción*, local, nacional, regional o mundial, dependen de la intervención, combinación y composición de muchos factores.

A modo de *hipótesis de interpretación*, se puede decir que en estados más consolidados, de mayor fortaleza institucional, la permeabilidad de las instituciones, por parte del *diagrama de poder paralelo*, es más difícil o, por lo menos, se efectúa de una manera más sofisticada, sutil, enmascarada. En cambio, en estados menos consolidados, de menor fortaleza *institucional*, la porosidad *institucional* es más evidente; en consecuencia, el *diagrama de poder de la corrupción* atraviesa con más facilidad la *institucionalidad* estatal. Sin embargo, la *experiencia social* en las *historias políticas* y en las *historias escandalosas* del poder, nos ha mostrado que esta *hipótesis*, esquemática, peca de simplismo; cuando se evidencia que la *corrupción* se da de una manera más desmesurada, moviendo montos más grandes, en estados más consolidados, más *institucionalizados,* como los de los países centrales. Esta evidencia, en las *historias políticas recientes*, no exime, de ninguna manera, a los *países periféricos*, que, también han mostrado niveles elevadísimos de *corrupción*, aunque se puede decir, que en este caso, hay como una inclinación a efectuarse de una manera abierta y descarada. Contrastando la primera *hipótesis,* más parece que la *corrupción* se ha *generalizo* en el *mundo,* con todas sus variantes, intensidades y alcances, en la medida que se ha venido imponiendo la dominancia del *capitalismo financiero y especulativo*, el monopolio, casi absoluto, de las empresas trasnacionales en el *mundo.*

En este panorama, en la *historia reciente*, podemos encontrar parecidos, similitudes, analogías, de todos los funcionarios, ya sean del Estado, ya sea de las empresas trasnacionales, ya sea de organismos internacionales, sobre todo de organismos financieros, en lo que respecta al comportamiento cómplice, concomitante, con las formas de la *economía política del chantaje*. Una de estas analogías tiene que ver con el descaro con que encubren dolosos manejos financieros, de chantaje al público, a los usuarios, a la sociedad; manejos de contratos, de concesiones, de recursos. Pueden variar las modalidades, los discursos, los argumentos, las retoricas, empero, la regularidad aparece en el comportamiento mismo; en el presentar como *real* la *interpretación incongruente* de los *aparatos de poder.*

En Bolivia se ha llegado al colmo de lo grotesco e incongruente, cuando el gobierno, sus voceros, el órgano judicial, los congresistas oficialistas, emiten un discurso que desvía la atención hacia tópicos marginales y evita concentrarse en el asunto. El asunto evidente son los contratos con una empresa china, que contravienen las normas de contratación, de bienes y de servicios. Añadiendo que ningún contrato se ha cumplido. Los funcionarios oficialistas pretenden encubrir los delitos evidentes con argumentaciones estrambóticos. Desviando la atención a temas de escándalo doméstico. Por otra parte, escondiendo o secuestrando toda la documentación, dejando sin nada a la comisión de investigación formada para el caso.

La pregunta de por qué los funcionarios llegan a asumir estas actitudes tan abiertamente descaradas e incongruentes, no ha sido respondida. Empero, podemos sugerir una hipótesis, a propósito de un caso singular, como el que ocurre en Bolivia, en esta coyuntura. No solo estamos ante una institucionalidad maltrecha, atravesada, de cabo a rabo, por la *economía política del chantaje*, sino ante redes y mallas de los *diagramas de poder paralelos*, que atraviesan la *malla institucional* del Estado, sostenidos por circuitos extendidos de las *relaciones clientelares*. Todo la transversalidad del *diagrama de poder* de la *economía política del chantaje*, se nutre, "ideológicamente", aunque decir esto resulte exagerado, por la pretensión discursiva que se está ante un "proceso de cambio". En consecuencia, se pude decidir, hipotéticamente, que a los funcionarios cómplices les es más fácil encubrir, bajo el supuesto de que son acechados por la "guerra sucia" de la "oposición" de "derecha".

Psicología y funcionamiento del lado oscuro del poder

Apuntes desde la psicología

¿Se puede hablar de *patología del poder*? La palabra *Hybris* define las acciones crueles, vergonzosas y humillantes, acciones cometidas por *alguien* inclinado a la *violencia* y al *abuso*; actos ejecutados sobre *víctimas*, ejercidos por el *goce* mismo de hacerlo, de demostrar dominación, de hacer patente el *poder* desplegado. ¿Es esta una *desmesura psicológica*? La persona que comete *Hybris* es insaciable, quiere satisfacer su *deseo* de venganza o de ostentación, exigiendo implacablemente reconocimiento desmedido; *deseo*, que ya es *deseo del deseo,* por tanto *imposible*. En el *imaginario* de la Grecia antigua, los dioses castigan a quienes caen en la *compulsión destructiva* de

Hybris. La encargada de hacerlo es Némesis, diosa de la justicia retributiva, la solidaridad, la venganza, el equilibrio y la fortuna. El tratamiento consistía en conducirlos a la humildad, compensando así su soberbia. En la psicología moderna se habla de un trastorno paranoide llamado *síndrome de Hybris*. Se trata de un trastorno que desencadena un *ego desmedido*, una visión personal exagerada, aparición de excentricidades y desprecio hacia las opiniones de los demás. Este *síndrome Hybris* aparece descomunal en los ámbitos de poder; particularmente en los escenarios políticos, financieros, empresariales, en las familias de multimillonarias, en las élites de los y las famosas. La psiquiatría ha reconocido los efectos que tiene el *poder* en las personas. Tomando en cuenta, por lo menos, dos direcciones, se habla de la *erótica del poder*, también de la *erótica del dinero*. Algunos síntomas del *síndrome de Hybris* son: Confianza exagerada en *sí mismo*, imprudencia e impulsividad desmesuradas. Sentimiento exacerbado de superioridad sobre los demás. Los que sufren de este *síndrome* suelen identificarse como si fuesen la nación misma, el partido mismo, el Estado mismo, el pueblo mismo. En la expresión retórica acostumbran a usar el plural mayestático *nosotros*. Se dice que pierden el *principio de realidad*. Entre las consecuencias de este *imaginario delirante* y de sus *acciones despóticas*, el *enemigo,* incluso, en su caso, el *rival*, debe ser imperativamente destruido. Los que sufren del síndrome *Hybris* se sienten ungidos por el *destino*. Si son despojados de su poder, de su dominio, de su jerarquía, de su *representación mítica*, la pérdida del mando, la pérdida de popularidad, los arrastra a la desolación[3].

David Owen y Jonathan Davidson describen el *síndrome de Hybris* con claridad, reconociendo sus peculiaridades y diferenciándolo de alteraciones similares, empero, distintas. Respaldan la tesis de que el *síndrome de Hybris,* también denominado *embriaguez de poder,* es el *lado oscuro* de sujetos afectados por el *síndrome*, vale decir, el guía, dirigente, cabecilla, gobernador, adalid, paladín, jefe. Los *síntomas del síndrome Hybris* colman en personajes ungidos por el *poder*. Se puede observar ciertos rasgos cuando, por ejemplo, una

---

[3] Ver de David Owen *En el poder y en la enfermedad. Enfermedades de jefes de Estado y de Gobierno en los últimos cien años.* Traducción del inglés de María Condor. Siruela. El Ojo del Tiempo.
Blog.libros.universia.es/wp-content/uploads/En el poder y en la enfermedad ADtulo.pdf.

autoridad política no admite otro criterio que el propio, no escucha, se obceca en sus posturas personales, se aleja notoriamente de la *realidad*, pierde, si se quiere, el *raciocinio*. Esta pauta de *cuadros psicológicos* afectan sobre todo a la *clase política*, así como a altos mandos de las finanzas y de las grandes empresas. Se constata en estos *sujetos* poca *madurez psicológica*, una *personalidad embriagada* por un *mundo interior* sobredimensionado, además de una *afectividad extravagante*. Son incapaces de cambiar, persisten tercamente en el *error*; se encuentran rodeadas de una numerosa corte de aduladores y arribistas, disfrazados de asesores palaciegos. Como se puede ver, no se trata de una tendencia a cometer errores; en el *síndrome de hybris* vemos que están unidos por una misma hebra transmisora; se la reconoce en las manifestaciones elocuentes de excesiva confianza en *sí mismo*, orgullo exagerado, desprecio por los demás. Tiene rasgos en común con el *narcisismo*; pero, se trata de una manifestación más aguda, que incluye el *abuso de poder*, además de la posibilidad de perjudicar y afectar notoriamente a otras personas, consideradas enemigas o rivales. Es otras palabras, estamos ante un conjunto de *síntomas,* desatados por un gatillo específico, el *poder*. El *síndrome de Hybris* es, se puede hablar así, adquirido; puede ser pasajero o perpetuo. A veces se desencadena a partir de un triunfo sorprendente, que da lugar a una autoridad casi absoluta, sin contrapesos ni contrapoderes. También se desencadena ante adversidades sociopolíticas de gran envergadura; por ejemplo, una guerra, así como un desastre financiero y situaciones críticas.

Owen y Davidson extraen algunas conclusiones políticas de su investigación. Aseveran que "debido a que un líder intoxicado por el poder puede tener efectos devastadores sobre mucha gente, es necesario crear un clima de opinión tal que los líderes estén conminados a rendir cuentas más estrictas de sus actos". Añaden: "Como las expectativas cambian, los líderes deben sentir una mayor obligación a aceptar las restricciones de la democracia." Aconsejan que médicos y psiquiatras colaboren en diseñar leyes y procedimientos para acotar el daño del síndrome de *Hybris*. Se puede deducir que el *síndrome de Hybris*, sería, más bien, una situación a la que se llega, contando con unas condiciones psíquicas particulares, acompañadas por unas insuficiencias concretas. Dicen que no es justo, ni ético, ni científico que la clase dirigente, política y económica, de un país no pase ningún tipo de filtro, tanto de salud física como psíquica, para ser designado previamente como representante o autoridad. Según los autores citados, se debería establecer, por ley, una pauta de selección como en cualquier otro puesto del Estado. La *historia política* está atravesada y ocupada por escenarios dramáticos, que se puede catalogarlos como ejemplares del *síndrome de Hybris*[4].

---

[4] Mirada profesional.com. Edición y dirección general Néstor Caprov. Miradaprofesional.com.
Ver también *Síndrome de Hybris* en Brain; Journal of Neurology. 2009.

Apuntes desde la complejidad

Varias veces anotamos que hay que salir de los *conceptos homogéneos e universales* de la *modernidad*, de las *teorías modernas,* que corresponden a *mundos* aislados, inventados por las *teorías* mismas. Desde la *perspectiva de la complejidad* partimos, mas bien, de los *mundos efectivos, mundos integrados* en la *simultaneidad dinámica* del *tejido espacio-temporal*; la *teoría de la complejidad* forma parte de esta *integración dinámica* de los *mundos efectivas*; expresa, si se quiere, esta *articulación e integración múltiple* de los *mundos entrelazados* en *forma* también *dinámica e integrada* a la *realidad efectiva,* sinónimo de *complejidad*. No como *verdad*, ni como *paradigma*, sino como *interpretación* en devenir de esa *simultaneidad dinámica*. Desde esta perspectiva, la *complejidad*, tiene, mas bien, una *concepción abigarrada del poder*.

No hay un *poder homogéneo*, que pueda describirse a partir de una *estructura universal*, ni siquiera cuando se habla de *poder* como *relación de fuerzas,* de acuerdo a la *genealogía del poder*. No hay *poder* al margen de los otros *planos y espesores de intensidad* de la *realidad,* sinónimo de *complejidad*. Como dijimos, el *poder* supone una *economía política*, la que bifurca *poder y potencia*, valorizando el *poder*, desvalorizando la *potencia*, aunque, precisamente, se alimente de las *fuerzas capturadas* de la *potencia*. Sin embargo, como también dijimos, esta *economía política del poder*, forma parte de la *economía política generalizada,* que comprende *planos y espesores de intensidad* de distintas *economías políticas* particulares. Empero, lo fundamental, en esta *perspectiva de la complejidad*, es que la *economía política del poder* marcha simultáneamente, concatenada, a las otras *economías políticas,* en el *contexto complejo* de la *economía política generalizada*. En la medida que la *economía política del poder* funciona, incide en el funcionamiento del conjunto de las *economías políticas*[5].

---

[5] Ver *Crítica de la economía política generalizada*. Dinámicas moleculares; La Paz 2013-15.
Dinamicas-moleculares.webnode.es/news/critica de la economia politica generalizada.

El *poder*, como ya lo dijo Michel Foucault, no se sitúa en el Estado, sino en *espesores y territorios* donde se han edificado *mallas institucionales*, como *agenciamientos concretos de poder*. Por lo tanto, como también dijimos, no funciona solo como *maquina abstracta, burocrática, jurídica y policial del poder*, en términos *institucionales estatales,* sino se complementa, se articula y es atravesada por *diagramas de poder paralelos*, opacos, no estatalizados, ni institucionalizados, aunque forman parte de las *practicas efectivas,* que corresponden a la *economía política del chantaje*. Hemos identificado, para mencionar algunos, el *diagrama de poder de los tráficos ilícitos,* el *diagrama de poder de la corrupción*, que se asienta en redes de *circuitos clientelares*; ambos conforman lo que se conoce con el nombre inapropiado ya de *carteles* o *mafias*. Están también los *diagramas de poder* del *orden mundial* de la *globalización*; el *diagrama de poder de la deuda infinita* del *sistema financiero mundial*; el *diagrama de poder monopólico* de las *empresas trasnacionales*; el *diagrama de poder secreto* de los imperiales *servicios de inteligencia*, que han conformado redes de información y contra-información, de intervención, de boicot y de contrainteligencia, de conspiración a nivel mundial. Todos estos *diagramas de poder* hacen pues al *funcionamiento integral* de las *maquinarias de poderes*.

Nunca, el *poder homogéneo y abstracto* de la ciencia política, configurado en el Estado, ha funcionado solo, aislado, sino, ha funcionado, en articulación y complementación con las otras *formas de poder*; particularmente, nos interesa mencionar la articulación con los *diagrama de poder paralelos* de la corrupción, de las mafias, de las empresas trasnacionales, del sistema financiero internacional y de los servicios de inteligencia. El *poder efectivo*, la *dominación efectiva*, es una resultante de la intervención de todas estas *maquinarias del poder.* Lo que se ha notado, por lo menos ha dejado esa impresión, es que lo que se llama *poder institucionalizado* en el Estado ha sido cada vez más invadido, penetrado, atravesado y entrelazado por los *diagramas de poder paralelos,* en el contexto de la dominancia del *capitalismo financiero y especulativo.*

Desde la *perspectiva de la complejidad*, pretender efectuar la *crítica del poder* solo en el *campo institucional* del Estado, no solamente es insuficiente, sino ingenuo e inútil, en lo que respecta a la acción de *contra-poderes*. El *desmantelamiento* de la *dominación polimórfica* mundial, regional, nacional y local, requiere de una *crítica integral*, que comprenda la *articulación dinámica y compleja* de las distintas maquinarias del poder entrelazadas. El *desmantelamiento* de las dominaciones depende, por así decirlo, de una *crítica integral del poder* y, en consecuencia, de *acciones de contra-poder múltiples*, que desarmen las maquinarias en todos los planos y espesores de intensidad donde el *poder* interviene.

En relación a este ensayo, a su temática, podemos concluir que el *lado oscuro del poder* se ha convertido, cada vez más, en la *mecánica* preponderante del *funcionamiento del poder*. En vano, se busca descifrar el ejercicio efectivo del *poder* en lo que dicen o no dicen los gobernantes, en lo que hacen o dejan hacer. El poder no está en sus manos; ellos son apenas *engranajes* de *maquinarias de poder integradas*, complejas y complementarias[6].

---

[6] Ver *Desenlaces. Dinámicas moleculares*; La Paz 2016. **Dinamicas-moleculares.webnode.es/news/desenlaces.**

Composiciones del lado oscuro del poder

En *El lado oscuro del poder* dijimos que las *genealogías del poder* han mostrado, desde sus *nacimientos*, un *lado luminoso* y un *lado oscuro*[7]. El *lado luminoso* corresponde a la *malla institucionalizada* del Estado, también a las *mallas institucionales* de la sociedad; en tanto que el *lado oscuro* corresponde a las *formas paralelas no-institucionales del poder*; concretamente, a lo que hemos denominado *economía política del chantaje.* En esta perspectiva analítica, dijimos que, en la etapa del capitalismo tardío y de la decadencia de la civilización moderna, *el lado oscuro del poder* invade y atraviesa la *malla institucionalizada* del

---

[7]Ver *El lado oscuro del poder.*
Dinamicas-moleculares.webnode.es/news/el lado oscuro del poder

poder, ocasionando, primero, sus variaciones perversas, sus deformaciones, sus *corrosiones*; después, *subsumiendo* la *malla institucional del poder* a las *formas paralelas no-institucionales del poder.* Ahora, queremos concentrarnos en las *composiciones* del *lado oscuro del poder.*

Se trata de una *red* o, mas bien, *redes*, de entramados, de las *formas paralelas de poder*. La *economía política del chantaje* tiene una *estructura* basada en concomitancias y complicidades; entonces, estamos hablando de una *composición* o *composiciones* mutantes. Es difícil situar un *centro* de la *estructura*; pues en un *periodo* puede ser o parecer ser una de las *formas paralelas del poder*; para en el siguiente *periodo*, mas bien, colocarse como en el *centro* otra *forma paralela de poder*. Lo sugerente es que se trata de la imbricación de varias *formas* de la *economía política del chantaje*. Por ejemplo, las *formas de corrosión institucional*, entre ellas, la *corrupción*, se vincula con otras *formas de poder paralelas*, no necesariamente *internas* a las *mallas institucionales*, sino, mas bien, *externas*, como la *economía política de la cocaína.* Las vinculaciones pueden extenderse a los *circuitos de los tráficos*, ya no solo de la *cocaína*, sino también extenderse al *tráfico de armas,* al *tráfico de cuerpos y de órganos*, así como al *contrabando*. En este *contexto*, las vinculaciones de las *empresas trasnacionales* aparecen *institucionalmente* como contratos, concesiones, proyectos, que pueden convertirse o ampararse en leyes. Sin embargo, por debajo de la mesa, se dan también otras vinculaciones no visibles, obviamente *no-institucionales*, que se las puede tipificar como parte de la *corrosión institucional* y la *corrupción*. Aunque quizás sea mejor clasificarlas aparte, pues estos *sobornos*, de las empresas trasnacionales, suponen los *monopolios* de estas empresas; por lo tanto, suponen otros espacios de movimientos, de producción, circulación y consumo, también otros espacios de acuerdos. En este sentido, podemos decir, que las empresas trasnacionales se mueven tanto en el *espacio luminoso del poder*, como en el *espacio monopólico de los mercados*, que no deja de ser visible, pero, lo es de manera diferente a la luminosidad del poder, y en el *espacio gris* de la *economía política del chantaje*. Esto equivale a situarlas en la *geopolítica del sistema-mundo capitalista*; por tanto, en las *estructuras de poder* vigentes. Abarcando a las *máquinas económicas*, a las *máquinas extractivistas*, a las *máquinas de guerra*.

Cuando un gobierno, en un periodo dado, conserva todavía cierta iniciativa, incluso en lo que respecta a los *compromisos* con el *lado oscuro del poder,* se puede decir, que el *centro* de la *economía política del chantaje* parece ser el de la *corrosión institucional* y el de la *corrupción*. Teniendo a las otras *formas paralelas de poder* como adyacentes; ciertamente apoyando y complementando esta *economía política del chantaje*. En cambio, cuando el gobierno pierde incluso esta cierta iniciativa y se deja *subsumir* por otras *formas paralelas de poder,* el *centro* de *mando* ya no corresponde al *gobierno corroído*, sino al *lado oscuro* mismo del *poder*. Por ejemplo, cuando la *economía política de la cocaína* absorbe las *mallas institucion*ales del Estado, el gobierno no cuenta con iniciativa propia, solo obedece a los requerimientos de la *economía política de la cocaína*. Esto parece ocurrir en México; ¿pasa lo mismo en Bolivia?

Para responder esta pregunta, no bastan las estimaciones cuantitativas, sean o no sobrevaloradas o subvaluadas; por ejemplo, el referente de la estimación de que en Bolivia se producen 295 toneladas de cocaína al año - siendo ya el segundo productor, debajo del Perú y encima de Colombia -, no implica necesariamente que la *economía política de la cocaína* se ha convertido en el *núcleo* del *lado oscuro del poder*. Esto no depende de cantidades sino de *cualidades*; de las *estructuras* de *relaciones de poder* que atraviesan el Estado.

Tampoco, ya en la *descripción* de la *información*, es suficiente contar con que la policía y las fuerzas armadas han sido penetradas por las *redes* de la *economía política de la cocaína*; por lo menos en parte; dejemos si es una gran parte o relativa mediana parte o pequeña parte. Pues se requiere saber si el Estado ha sido atravesado por las *redes* de la *economía política de la cocaína*, de tal manera, que lo ha sometido a sus propias reproducciones perversas, y en qué *magnitud*; además, en qué *profundidad cualitativa*. ¿Cómo se puede contar con esta *información*? Sobre todo, cuando la *economía política del chantaje*, en este caso, la *economía política de la cocaína*, funciona clandestinamente. Es difícil contar con esta *información*, a no ser que se logre ésta desde adentro. ¿Se puede lograr un *diagnóstico* por procedimientos indirectos? Por ejemplo, *diagnosticando* los *síntomas* del *acontecimiento* de la *economía política del chantaje*.

Cuando toda una *región*, cuando toda una *organización de representación social*, está no solo comprometida con los *circuitos* ilegales de la *hoja de coca excedentaria*, sino también con la *producción de cocaína* - se oculta esta situación conocida por muchos, como si no se diera; es decir, cuando calla el gobierno, incluso, lo más sorprendente, soslayan los organismos internacionales, encargados del control de la disminución de los cultivos de la hoja de coca; además, claro está, de la misma DEA, que, en realidad, nunca combatió al narcotráfico, sino que, pragmáticamente, optó por una *guerra de baja intensidad*, conteniendo, controlando y participando, desviando esta *economía política del chantaje* hacia el *monopolio* que ejerce el *imperio* -, entonces, el *síntoma* es preocupante, pues connota no solamente *atravesamientos* de *lado oscuro del poder* en la *malla institucional*, sino incluso cierto *control* sobre los *dispositivos estatales*.

Sin embargo, tampoco podemos aseverar que el Estado ha sido *subsumido* por la *economía política de la cocaína*. Se requiere observar otras *zonas* donde se manifiestan los *circuitos* de la *economía política de la cocaína;* por ejemplo, el *blanqueo.* Cuando hay grandes *inversiones*, que notoriamente no son rentables, por lo menos, como se esperaría, debido a la magnitud de la *inversión*, es muy probable que sean *inversiones* de *blanqueo* o *lavado*. ¿Qué importancia tiene en el *funcionamiento* de la *economía*, por lo menos comercial? Si esta proporción y el *lavado* son de magnitud, en extensidad e intensidad, ocasionando un *mundillo artificial* de aparente riqueza, que en todo caso es *banal*, entonces el *síntoma* es alarmante.

Otro *síntoma* corresponde a las formas y niveles de la *violencia* no estatal; por ejemplo, la del *crimen*, usando este término jurídico conocido, aunque no lo compartamos. Cuando las formas de *violencia* se empiezan a parecer a *formas desmesuradas de la violencia*, a los *mensajes del terror*, a lo que se manifestó abiertamente en Colombia y en México, es muy probable que la *violencia* de los *carteles* recorra las calles, los caminos, ciertas regiones y ciertas ciudades. Los *carteles* recurren al *terror* para *dominar* poblaciones o parte de ellas, para someterlas; así mismo para manejar por el miedo a autoridades, a policías, a jueces, también a sus propios miembros comprometidos hasta el tuétano. En algunos casos el *terror de los carteles* se suma al *terror de Estado*. Lo más grave es cuando otras *bandas*, no necesariamente vinculadas, de manera directa, a la *economía política de la cocaína*, imitan los procedimientos violentos desbordantes de los *carteles*. Mucho peor es la situación cuando ciertas *organizaciones sociales*, en la consecución de sus demandas, no necesariamente imitando, sino haciendo escalar la espiral de la violencia, expresan también desmesuras de la violencia descarnada. Es cuando, como dice la canción, la *vida no vale nada.*

Si para los organismos internacionales, para la policía y los destacamentos especializados de lucha contra el narcotráfico, para el Estado, para las instituciones encargadas, como el *poder judicial*, el *tráfico de cocaína* es un problema *moral* - forma de asumir que más se parece a una postura doble e hipócrita, pues, efectivamente no hay tal lucha o, si se quiere, matizando, no es efectiva ni tiene resultados -, visto desde otra perspectiva, mas bien, *crítica*, no se trata de *problema moral,* sino de *ilusión*, de *fetichismo*, de *decadencia*. El ilusionarse con el acceso a la *riqueza fácil* es un *autoengaño*; olvidando que, como en toda *economía política,* la *estructura* es piramidal; sólo ganan los de la cúspide, mientras los demás sostienen la pirámide; además de ser los que caen, la excusa carnal enclaustrada en las cárceles. Por otra parte, la *economía política de la cocaína* no es una *economía sostenible*; es decir, a largo plazo, sino, mas bien, es de corto plazo. En tercer lugar, es altamente costosa en múltiples *planos de intensidad;* depreda el medio ambiente, descohesión de las familias, comunidades y sociedades; destruye las culturas, las memorias, la capacidad de *experiencia*; sobre todo, la *capacidad de lucha* por una *vida digna*. La gente comprometida con la *economía política de la cocaína* es la gente más devastada por el despojamiento, la desposesión y la deconstitución de *sujetos* y *subjetividades*, por parte de las *formas del capitalismo extractivista y especulativo*. Son la muestra del *vaciamiento* de *humanidad*, quedando sin ella, sino con *barrocas subjetividades* grotescas e infelices. Personas que consideran que la *vida no vale nada*, sino solo el *poder*, que lo entienden en la reductiva forma descarnada de *poder*, la *violencia atroz*, no son *humanas*, sino el *bodrio* que ha esculpido en sus cuerpos el capitalismo más banal, el de la *economía política del chantaje*, el *especulativo*, el *extractivista*, el *financiero*.

Contando con las *descripciones* de la *corrosión institucional*, con la expansión del *lavado*, con los niveles desbordantes de la *violencia*, se ha avanzado a bosquejar un conjunto de *síntomas* alarmantes, que apuntan a *aproximaciones* a la *situación* de *subsunción* del Estado por la *economía política de la cocaína*; empero, todavía no se puede aseverar que esto ya ha ocurrido. El *dato* que parece podría ser definitivo, para poder argumentar en el sentido de la *subsunción* y el *sometimiento* del Estado a la *economía política de la cocaína*, corresponde a cuando el Estado, su *estructura institucional,* por lo menos la parte estratégica de ella, no solamente está comprometida con el narcotráfico, sino que el Estado mismo ya es *ejecutor, operador*, en esta *economía política de la cocaína*.

En este punto, no estamos en condiciones de responder, ni hipotéticamente. No podemos dejarnos llevar por rumores, por acusaciones, incluso por sospechas. En este caso se requieren investigaciones; no hablamos de investigaciones policiales, sino de investigaciones sociológicas, económicas, políticas o antropológicas; mejor si se puede efectuar una investigación *genealógica*; mucho mejor si se puede intentar una investigación desde la *perspectiva de la complejidad*.

Antes de concluir, quisiéramos detenernos en otros *síntomas*, de carácter de *efectos*; uno de estos, es el que se refiere a la *mutación* del *autoritarismo gubernamental* a *formas de despotismo*. Ciertamente esta *mutación* puede tener varias y distintas *causales*, por así decirlo. Sin embargo, cuando de por medio, se encuentra, lejanamente o cercanamente, la *economía política de la cocaína*, el *despotismo* puede ser un *síntoma* de la *incidencia* de las *formas de poder paralelo*; sobre todo, de esta *forma del lado oscuro del poder*, que tiene que ver con el *narcotráfico*.

Si en las políticas del gobierno no se nota *coherencia*, tampoco *conexiones estructurales estratégicas*, dicho de otra manera, si no aparece en la conducta del gobierno una *estrategia política*, aunque lo pretenda discursivamente, sino una constante improvisación, encubierta apenas con discursos estridentes y demagógicos, es muy probable que haya *incidencia* fuerte del *lado oscuro del poder*. *Incidencia,* en el *contexto* de la *situación* que nos ocupa, de la *economía política de la cocaína*, cuando esta *forma* de la *economía política del chantaje* es de significativa proporción en el país.

Otro de estos *síntomas*, tiene que ver con las formas de *articulación* con el *sistema-mundo capitalista*, su ubicación en la *geopolítica del sistema-mundo capitalista*. Sobre todo, en este *enfoque*, respecto al *lado oscuro del poder*, se trata no de los *acoplamientos institucionales*, tampoco de las *bisagras estructurales* con el *orden mundial*, el *imperio*. Sino con esos *dispositivos secretos*, clandestinos, camuflados, que son los *servicios de inteligencia* del *imperio*; dados de manera directa o, mas bien, de manera indirecta. Al respecto, la pregunta, sin mucha vuelta, sería: ¿cuán infiltrado está el gobierno por los *servicios de inteligencia* del *imperio*? En el *sistema-mundo*, donde juegan un rol *geopolítico*, por así decirlo, las *máquinas de guerra*, los *servicios de inteligencia* - que cuenta con *información* abundante, aunque no manejada del todo, mucho menos *interpretada* adecuadamente, aunque usted no lo crea; tampoco *analizada* adecuadamente, salvo el uso de *modelos esquemáticos*, que los servicios de inteligencia usan recurrentemente - constantemente "conspiran" o intervienen, de uno u otro modo, llegando a extremos delirantes. Como, recientemente, la invención del ISSIS;

114

antes el financiamiento a *yihadistas* para combatir al *ejército rojo*, que ocupaba Afganistán. Así como el apoyo a dictadores militares como Manuel Antonio Noriega en Panamá o Sadam Hussein en Irak. ¿Qué proyectos han desplegado en el país, hace un buen tiempo, no solo en las gestiones del "gobierno progresista"? Esta pregunta es problemática, pues supone eso, la "conspiración" de los *servicios de inteligencia del imperio*, sin contar con *información* fidedigna y corroborada; aunque la hipótesis sea plausible. Sobre esta *debilidad* conjetural, se pregunta ¿qué proyectos se han implementado y están en marcha? A pesar de esta *debilidad*, la pregunta no deja de tener su importancia; incluso a pesar de que no compartimos las *teorías de la conspiración*, pues nos parecen ingenuas, extremadamente esquemáticas y débiles. Aunque aceptamos que hay *conspiraciones* y *conspiradores*; empero, estos no controlan todas las variables en juego. Tampoco están a la altura de la *complejidad* de la *realidad social efectiva*, menos de la *praxis de la política*. La importancia radica en el alcance de los *juegos de poder* de estos *dispositivos conspiradores.*

Si, en caso *hipotético*, en un *escenario* supuesto, ocurriera esto, estaríamos, por cierto, ante una grave *situación* y peligrosa *condición,* expuesta y vulnerable, no solamente respecto de la *soberanía*, sino incluso respecto del *funcionamiento* de los engranajes del Estado y de las prácticas políticas, abarcando el recurso a los *montajes políticos,* en los decursos de las manifestaciones rutinarias del Estado. Se asistiría no solamente a una *tramoya*, sino a una absoluta dependencia, a la subordinación total del *manejo,* como se manipula a los *títeres,* de los *dispositivos de poder* del Estado.

Repasando la perspectiva de los *escenarios*, si otro *escenario* fuese el descrito como posibilidad más arriba, el de la *subsunción* del Estado a la *economía política de la cocaína*, la *situación* sería mucho más grave; pues no solamente asistiríamos a la *desfuncionalización* del Estado, sino, mucho peor, a la *descohesión generalizada* de la sociedad. La sociedad habría caído no solamente en la pusilanimidad más estúpida, sino en el *terror*, en el miedo, más paralizante, dejando que sus *lazos* se disuelvan.

Estos dos *escenarios* son indudablemente desoladores. ¿De qué depende no caer en ellos? No del Estado, que se encontraría en plena *decadencia*, marchando sinuosamente a este *destino*, por así decirlo; no de los *organismo internacionales* encargados, pues estos están sumergidos en la *hipóstasis*, en el *discurso hipócrita moralista* y en toma de medidas ineficaces y hasta condescendientes. Está en manos de la *sociedad*, de los *pueblos*. Son las *fuerzas sociales* las únicas que pueden cambiar el curso de los *acontecimientos*; pues también son estas *fuerzas*, mejor dicho, parte significativa de estas *fuerzas*, la que sostiene la *reproducción del poder*, la que sostiene estos *juegos de poder,* estas combinaciones escabrosas entre *formas de poder luminosas* y *formas de poder del lado oscuro*.

Printed in Great Britain
by Amazon

23345552R00067